W0324702

DER TRIP

NOZOMI HORIBE

JAJA VERLAG

PIEP PIEP PIEP PIEP PIEP PIEP PIE
KLICK
ARGH

WAS HAB ICH MIR DA EINGEBROCKT!
WARUM NICHT WAS COOLES – KOLUMBIEN ODER SO
ABER NEIN!
AUSGERECHNET FUCKING BRANDENBURG
DU KOMMST AUF IDEEN, NOZOMI!
PFEFFER SPRAY

KAFFEE IST FERTIG!
...JA, ICH KOMME!
NAJA
SICHER IST SICHER
WIE FÜHLST DU DICH?
OH, BESCHISSEN NATÜRLICH
ANSONSTEN ALLES SUPER
ICH HABE SO GETAN, ALS WÜRDE ICH MICH FREUEN
ABER DAS WAR GELOGEN
EIGENTLICH WILL ICH ZURÜCK INS BETT UND ALLES ABBLASEN
ICH HABE ANGST
VOR ALLEM
ICH DARF DICH ECHT NICHT BESUCHEN?
DAS WÄRE SCHÖN, ABER ICH MUSS DAS ALLEINE SCHAFFEN
OKAY
DANN IST ES WOHL ZEIT
JO

IN DEN LETZTEN 7 JAHREN WURDE MEINE BEZIEHUNG MIT G EIN WICHTIGER TEIL MEINER IDENTITÄT
MIT IHM LASSE ICH PRAKTISCH MEIN ZUHAUSE ZURÜCK
ES IST HART

ICH FÜHLE MICH IN LETZTER ZEIT SO ABHÄNGIG VON IHM
ICH BRAUCHE WIEDER EIN GEFÜHL VON UNABHÄNGIGKEIT

BAU
DEIC

NAJA
SO VIEL ZU UNABHÄNGIGKEIT
Herzlich Willkommen
SEIT 30 MINUTEN UNTERWEGS UND SCHON VERFAHREN
IRGEND-JEMAND...
MUSS DOCH HIER SEIN
OH!
- SCHLUCK
ÄH HALLO
HALLO?

SORRY
ICH HAB MICH VERFAHREN ... KENNST DU DEN WEG NACH ZOSSEN?
KLAR!
DU FÄHRST NACH ZOSSEN?
UM GENAU ZU SEIN NACH PETKUS... MEINE ERSTE RADTOUR GANZ ALLEINE...
PETKUS!
ICH KOMME AUS DER ECKE!
ICH FAHR GERADE ZU MEINER FAMILIE
ECHT!
WIR KÖNNEN EIN STÜCK ZUSAMMEN FAHREN, WENN DU MAGST
OH JA! DAS WÄRE TOLL
DA LANG
OK
MMH, OB DAS EINE GUTE IDEE WAR?
ABER ICH HABE EIN GUTES GEFÜHL
LEIDER KANN MAN MÄNNERN NICHT EINFACH SO TRAUEN,
SONDERN MUSS JEDEN GEFALLEN HINTERFRAGEN.
MAN KANN NICHT EINFACH „COOL, DANKE!" SAGEN
WAS FÜRNE WELT

WAS BRINGT DICH NACH PETKUS?
OH, ICH BLEIB NUR EINE NACHT
ICH STARTE GERADE EINE TOUR – EIN MONAT DURCH BRANDENBURG
EIN MONAT!
WOW!
UND HEUTE IST DEIN ERSTER TAG?!
JA!
EINE DUMME IDEE
WOW! DAS IST SO COOL!
ES WÄRE TOLL, WENN ICH EINEN GANZEN MONAT LANG EINE RADTOUR MACHEN KÖNNTE!
WAS?! ECHT?
EIN TRAUM! ICH WÜRDE SOFORT MIT DIR TAUSCHEN!
KRASS.
HÄTTE ICH NICHT GEDACHT
MEIN ALBTRAUM IST SEIN TRAUMURLAUB
JA, SCHON IN ORDNUNG
IN ORDNUNG?
KOMM SCHON!
DER BLICK VON AUSSEN TAT GANZ GUT

HEY, KANN ICH DIR KURZ WAS ZEIGEN?
HM, OKAY?
HIER MÜSSTE ES SEIN
HINTER DIESER WAND
WIR SOLLTEN DIE RÄDER VERSTECKEN
OH GOTT
WERDE ICH JETZT BRUTAL ERMORDET?

ALS KIND HABE ICH HIER MIT DER FREIWILLIGEN FEUERWEHR GEÜBT...
MIT FEUERLÖSCHERN UND SO
DAS WAR COOL
SO LANG HER
ICH WAR SEIT JAHREN NICHT HIER
JA... ZIEMLICH COOL

ICH WAR EIN BISSCHEN NEIDISCH – MEINE EIGENEN KINDHEITSERINNERUNGEN SIND SO WEIT WEG
ABER ICH WAR AUCH STOLZ, DASS FRANK SEINE ERINNERUNGEN MIT MIR GETEILT HAT, OBWOHL ER MICH GERADE ERST GETROFFEN HAT
Petkus 4
Baruth/M
DANKE, DASS ICH TEIL DEINES TRIPS SEIN DARF!

HALLO?
JA
PETKUS IST GUT

25

RANDOWTAL

HEUTE BIN ICH 27KM RICHTUNG NORDEN GEFAHREN, UM HASHIMOTO-SAN IM RANDOWTAL ZU TREFFEN
WER HÄTTE GEDACHT, DASS DIE UCKERMARK SO HÜGELIG IST
JETZT WEISS ICH, WESHALB SIE TOSKANA DES NORDENS GENANNT WIRD
ICH HABE HASHIMOTO-SAN IM INTERNET ENTDECKT. SIE LEBT SCHON LÄNGER IN DER UCKERMARK UND HAT DORT EIN CAFÉ
WIE VIELE ÄPFEL ICH AUF DEM TRIP WOHL SCHON GEGESSEN HABE?
ALS ICH IHR GESCHRIEBEN HABE, HAT SIE MICH DIREKT FÜR EIN PAAR NÄCHTE ZU SICH EINGELADEN
ICH BIN EIN BISSCHEN NERVÖS

HIER MUSS ES SEIN
DA IST IHR HAUS
HALLO?
OH!
HALLO, DU MUSST MIYAKO-SAN SEIN!
HALLO?
OH, HALLO!
ICH BIN NOZOMI ... ICH HATTE IHNEN GESCHRIEBEN
AH JA, KOMMEN SIE REIN!
LASSEN SIE DIE SCHUHE RUHIG AN, DAS HAUS IST EINE BAUSTELLE
OH. ALLES KLAR
SOLLEN WIR ERSTMAL EINEN KAFFEE TRINKEN? KÖNNTEN SIE DEN KAFFEE MAHLEN?
KLAR, KEIN PROBLEM

VIELEN DANK FÜR DIE EINLADUNG
SIE KENNEN MICH NICHT MAL ...
DAS IST SCHON IN ORDNUNG
... UND WAS HAT SIE IN DIE DIE UCKERMARK GEBRACHT?
ALSO MEIN EX-MANN UND ICH HABEN HIER VOR JAHREN EIN HAUS GEKAUFT
DAMALS HABE ICH FÜR EINE JAPANISCHE FIRMA IN HESSEN GEARBEITET – WIR SIND NUR AN DEN WOCHENENDEN HERGEKOMMEN
WOW
MEIN ERSTER BESUCH IN BRANDENBURG WAR 1989. ICH WAR BERUFLICH IN OST-BERLIN UND MAN HAT UNS NACH EBERSWALDE GEBRACHT. BRANDENBURG HAT MICH DARAN ERINNERT, WIE DIE NATUR IN JAPAN FRÜHER WAR – WILDNIS
DAS WAR DER ANFANG IHRER BEGEISTERUNG
JA – ABER MEIN MANN PASSTE NICHT REIN
ER WAR ZU PROTZIG
SEIN VERHALTEN HAT UNSERE NACH-BARN GENERVT – ER HATTE EIN SCHICKES AUTO UND ALL SOWAS. BRANDENBURGER REAGIEREN BESONDERS EMPFINDLICH, WENN MAN AUF SIE HERABSIEHT
VOR ALLEM DIE ÄLTERE GENERATION. WIR MÜSSEN IHRE GEFÜHLE RESPEKTIEREN
MEHR KAFFEE?
JA, GERNE

ABER AUCH BRANDENBURGER MÜSSEN IHRE KOMFORTZONE VERLASSEN
GENAUSO WIE WIR JAPANER AUCH
NUR SO KANN MAN WACHSEN
DAS IST MEINE MOTIVATION FÜR DAS CAFÉ. ICH MÖCHTE, DASS SIE NEUE SACHEN PROBIEREN UND NEUE KULTUREN KENNENLERNEN — IHNEN ZEIGEN, DASS MAN KEINE ANGST HABEN MUSS
MIT ESSEN GEHT DAS AM BESTEN
UND, WIE GING ES BIS JETZT?
NAJA, WIE GESAGT — SIE BRAUCHEN ZEIT, UM SICH AN NEUES ZU GEWÖHNEN
ABER ES HAT GEKLAPPT!
DIE LEUTE, DIE AM ANFANG „IGITT, TOFU" GESAGT HABEN, FRAGEN MICH JETZT, WAS ICH GERADE NEUES HABE
DAS FÜHLT SICH GUT AN
DAS IST ABER SICHER VIEL ARBEIT, FÜR SIE ALLEIN
JA, MANCHMAL. ES IST ABER NICHT LEICHT, GUTE MITARBEITER ZU FINDEN
MEINE TOCHTER HILFT MANCHMAL, WENN SIE ZU BESUCH IST

FÜHLEN SIE SICH MANCHMAL EINSAM?
NEIN
NEIN, ICH FÜHLE MICH NICHT EINSAM
AM NÄCHSTEN TAG BIN ICH MIT HASHIMOTO-SAN NACH FÜRSTENWERDER GEFAHREN, WO SIE AUF EINEM MARKT EINEN ESSENSSTAND HAT. ZURZEIT MACHT SIE VOR ALLEM CATERING UND VERKAUFT IHR ESSEN AUF REGIONALEN MÄRKTEN
KÖNNEN SIE MIT MIYAKO-SAN EINE KURZE RUNDE DREHEN, WÄHREND ICH FERTIG PACKE?
KLAR!
GASSIE, MIYAKO-SAN!
LOS GEHT'S!
DU WILLST NICHT HIER LANG, WAS?

KEIN STRESS, ABER DU MÜSSTEST BALD MAL DEIN GESCHÄFT MACHEN
JETZT ZUM BEISPIEL
PRIMA!
GUT GEMACHT, MIYAKO-SAN!
UND SO HABEN WIR UNS AUF DEN WEG GEMACHT
WIR KOMMEN HEUTE ABEND ZURÜCK!
ES IST SCHÖN, MAL IM AUTO ZU FAHREN

IN FÜRSTENWERDER GAB ES MARKTSTÄNDE MIT GEMÜSE, KUCHEN, APFELSAFT, HONIG, BÜCHERN, PFLANZEN...
HIER IST UNSER STAND
ALLE KANNTEN HASHIMOTO-SAN UND KAMEN, UM SIE ZU BEGRÜSSEN
HALLO AKIKO
...ODER UM NACH RAT ZU FRAGEN
UNSERE NEUENTWICKLUNG
WAS MEINST DU?
HMM
...ODER UM IHR ESSEN ZU PROBIEREN
WAS GIBT ES HEUTE BEI DIR?
SPARGELEINTOPF!
MAN HAT GESEHEN, DASS SIE HART DAFÜR GEARBEITET HAT
SPARGELEI
DIE JAHRELANGE ARBEIT HAT SICH AUSGEZAHLT
SPARGELEI
ICH HABE NIE MIT SO VIEL EINSATZ EIN ZIEL VERFOLGT
DAS WAR'S! AUSVERKAUFT!
SUPER!
SPARGELE

HALLO AKIKO, BIST DU SCHON FERTIG?
JA, WIR WOLLTEN NOCH DEINEN QUITTEN-WEIN PROBIEREN
MMMMH!
LECKER, ODER?
WOLLEN SIE FÜR IMMER HIER BLEIBEN?
NAJA...
ICH GLAUBE, IRGENDWANN GEHE ICH ZURÜCK NACH JAPAN
OH!
NACHDEM SIE HIER SO VIEL INVESTIERT HAT?
WERDE ICH AUCH ZURÜCK NACH JAPAN WOLLEN, WENN ICH ÄLTER BIN?

JETZT BIN ICH JUNG UND GLÜCKLICH...
ABER WENN ICH ÄLTER BIN...
WILL ICH DANN ZURÜCK?
FRAGEN WIR UNS NICHT ALLE MANCHMAL, WO WIR ZU HAUSE SIND?
AUCH WENN ICH GLÜCKLICH BIN, WÜNSCHE ICH MIR MANCHMAL, DASS ICH NICHT SO WEIT HÄTTE REISEN MÜSSEN, UM MEIN ZUHAUSE ZU FINDEN
ABER ES WAR MEINE ENTSCHEIDUNG. UND HASHIMOTO-SANS ENTSCHEIDUNG
AKTUELL BIN ICH IN BERLIN
UND SIE IST IN DER UCKERMARK

ACHTUNG
Waldbrandgef
Notr
11

GERSWALDE
GERSWALDE LIEGT 40KM SÜDWESTLICH VON RANDOWTAL
SO'NE HUCKELPISTE
ICH TRAF DORT DIE FREUNDIN EINER BEKANNTEN, EINE „DORFUMKREMPLERIN"
WAS KÖNNTE DAS SEIN?
EINE DORFUMKREMPLERIN ...
KLAPPER
KLAPPER
ZUMINDEST MEIN GEHIRN IST ORDENTLICH UMGEKREMPELT
ICH HATTE DAVON GEHÖRT, DASS ES HIER EIN JAPANISCHES CAFÉ GIBT. ZWEI JAPANISCHE CAFÉS IN DER UCKERMARK — WER HÄTTE DAS GEDACHT!
ASPHALT!
SWEET JESUS!
FRISEUR
HIER GIBT ES EINE SCHULE, EINE APOTHEKE UND ZWEI FRISEURE!
FÜR DIE UCKERMARK...
IST IN GERSWALDE RICHTIG WAS LOS!

DAS MUSS DAS CAFÉ SEIN!
ICH HAB NOCH ZEIT, WAS ZU ESSEN
CAFE →
OFFEN
SO EIN SCHÖNER GARTEN!
MANN! ALLE SIND SO SCHICK HIER!
DAS SIEHT NICHT NACH BRANDENBURG AUS...
DAS IST...
DAS IST...
DAS IST...
BIO
DAS IST...
NEW BERLIN!

ODER VIELLEICHT LITTLE NEUKÖLLN
WAS IST DENN HIER LOS?!
KNARZ
WAS ZUM...
WILLKOMMEN, WILLKOMMEN!
DU BIST WEIT GEREIST. RUHE DICH AUS!
BIST DU AUCH JAPANERIN?
SETZ DICH UND ISS UNSER CURRY!
MIT FRISCHEM REIS!
...UND EINER LECKEREN TASSE KAFFEE!

HI!
HI, NOZOMI!
BIST DU DAS?
!!
YOKO?!
WOW, DU BIST ES!
WAS MACHST DU DENN HIER?
OH, ICH?
MM, ICH MACH EINE FAHRRADTOUR DURCH BRANDENBURG
WAS, ALLEINE?
JA...
KRASS!
ABER WAS MACHST DU MITTEN IN BRANDENBURG?
EINE FREUNDIN HAT HIER EINE AUSSTELLUNG!
HEUTE MACHT SIE EINEN WORKSHOP
WOW
SO VIELE JAPANER – MITTEN IN DER UCKERMARK!
WER HÄTTE DAS GEDACHT

HIER IST DEIN ESSEN
OH, DANKE!
BIS SPÄTER, YOKO
JA, GUTEN APPETIT
GOSH!
DASS ICH HIER SOGAR BEKANNTE TREFFE. ICH HATTE NATÜRLICH MIT EIN PAAR ANDEREN JAPANERN GERECHNET, ABER GLEICH SO VIELE?!
ALLE SIND SO NETT — ICH SOLLTE MICH HIER EIGENTLICH ZU HAUSE FÜHLEN
WARUM FÜHLE ICH MICH TROTZDEM FEHL AM PLATZ
VIELLEICHT BIN ICH ETWAS ÜBERWÄLTIGT VON DER COOLNESS
IRGENDWIE PASSE ICH NICHT REIN
ABER DAS ESSEN IST SAU LECKER
ZUM REIN-LEGEN!
ICH WÜNSCHTE, ES GÄBE HIER EINEN CURRYSEE
NOZOMI?

HALLO, DA BIN ICH ENDLICH. WIR WAREN GERADE NOCH MIT DEN KINDERN AM SEE
SCHÖN DICH KENNEN-ZULERNEN
KOMMST DU IN DIE GALERIE, WENN DU AUF-GEGESSEN HAST?
ICH MACH NOCH KURZ EIN PAAR FOTOS VON DER AUS-STELLUNG
BIS GLEICH
MÄDELS! DAS SIEHT SUPER AUS!!
HALLO!
DANKE, DAS WAR SO LECKER!
DAS FREUT MICH!
HABT IHR JEDEN TAG GEÖFFNET?
NEIN, NUR AM WOCHEN-ENDE. IM WINTER IST GANZ ZU
WIR LEBEN EIGENTLICH ALLE IN BERLIN
ICH ARBEITE DA ALS FRISEURIN
OH!

ES IST SCHÖN, AM WOCHENENDE HIERDRAUSSEN IN DER NATUR ZU SEIN
OH JA, ES IST SUPER SCHÖN HIER DRAUSSEN
OH! EINE SACHE NOCH
KANN ICH BITTE ALLE ONIGIRI HABEN, DIE IHR NOCH HABT?
ICH BRAUCHE REISVORRÄTE. WER WEISS, WANN ICH WIEDER ORDENTLICHEN REIS KRIEGE
KLAR
WITZIG, DASS ONIGIRI JETZT SO COOL SIND
TRENDY GENUG FÜR SO EIN SCHICKES CAFÉ
ALS KIND HABEN SICH MEINE MITSCHÜLER IN DEN USA LUSTIG GEMACHT, WENN ICH ONIGIRI MIT HATTE
ICH WOLLTE AUCH PEANUT BUTTER & JELLY SANDWICHES WIE DIE ANDEREN
ICH WOLLTE UNBEDINGT AMERIKANISCH SEIN
EINE WEISSE AMERIKANERIN
AKZEPTIERE ICH MICH NUR DESHALB ALS ASIATIN, WEIL ES GERADE COOL IST?
SCHÄME ICH MICH IM TIEFSTEN INNEREN FÜR MEINE ASIATISCHE KULTUR?
AHA, DA IST SIE

HALLO, DANKE FÜRS WARTEN
KEIN PROBLEM
SIE IST EINE FREUNDIN VON MIR. SIE IST AUCH KÜNSTLERIN
SIE WOHNT HIER IN GERSWALDE
HI
HALLO!
ALSO, WAS MACHST DU IN GERSWALDE?
NAJA, ICH MACHE EINE FAHRRADTOUR IN BRANDENBURG.
ICH WOLLTE RAUS AUS MEINER IN KOMFORT-ZONE...
ICH BIN SEIT 8 JAHREN IN BERLIN
UND WILL EINEN MIR UNBEKANNTEN TEIL DEUTSCHLANDS KENNENLERNEN
ICH MACH DARAUS DANN EINEN COMIC
OH!
OH, EINE FREUNDIN VON MIR HAT AUCH SOWAS GEMACHT.
IHR COMIC WURDE KÜRZLICH BEI EINEM GROSSEN VERLAG VERÖFFENTLICHT.
KENNST DU ES?
OH... NEIN
ECHT?
JA, ALLE MACHEN GERADE SOWAS. SIE WAR SEHR ERFOLGREICH
...

AH – NOZOMI, DU HATTEST EIN PAAR FRAGEN AN MICH?
AH
MM
JA
WAS MACHE ICH HIER ÜBERHAUPT
SO... WIE BIST DU IN GERSWALDE GELANDET?
ICH BIN VOR 10 JAHREN HERGEZOGEN. ICH KOMME EIGENTLICH AUS BAYERN, HAB ABER DAMALS IN BERLIN GELEBT
UND ICH HATTE DAS GEFÜHL, AUS DER KREATIV-BLASE RAUS ZU MÜSSEN
WIR HABEN ZUERST DIESES HAUS GEKAUFT
NIEMAND WOLLTE ES HABEN, WEIL ES GENAU IN DER DORFMITTE WAR – ES WÜRDE ZU VIEL AUFMERKSAMKEIT VON DEN ALT-EINGESESSENEN KRIEGEN
UND WIR HABEN VIEL AUFMERKSAM-KEIT BEKOMMEN! KINDER HABEN BÖLLER AUFS HAUS GEWORFEN.. EINE ZEIT LANG HABEN WIR UNS HIER NICHT WILLKOMMEN GEFÜHLT
ICH FÜHLTE MICH SCHULDIG DAFÜR, EINE ZUGEZOGENE ZU SEIN
ABER MIT DEN KINDERN HAST DU BESTIMMT ANDERE ELTERN KENNEN GELERNT?
NEIN, MIT DEN ANDEREN ELTERN HABE ICH NICHT VIEL ZU TUN
ACH SO
NAJA, DAS CAFÉ LÄUFT ABER SUPER, ODER?
OH JA! ICH BIN SO STOLZ AUF DIE MÄDELS

SIE SIND SUPER ORGANISIERT
AN TAGEN WIE HEUTE KOMMEN JAPANER IN SCHAREN AUS BERLIN!
WOW
WOLLTEST DU NICHT EIGENTLICH RAUS AUS BERLIN UM HIER DEINE RUHE ZU HABEN? IST DIR HIER NICHT ZU VIEL LOS?
EIGENTLICH HAST DU RECHT...
DAS PROBLEM IST NUR, DASS ICH EINE UNRUHIGE PERSON BIN... DIE UNRUHE FOLGT MIR, WO IMMER ICH HINGEHE – SIE GEHÖRT ZU MIR!
ICH KANN ES NICHT ÄNDERN!
HAHA
APROPOS, ICH MUSS LOS ZUM NÄCHSTEN MEETING
JA, ICH MUSS AUCH LOS
DANKE FÜR DEINE ZEIT
„ZUGEZOGEN" IST WIE EIN SCHIMPFWORT HIER
ES SCHEINT, ALS OB ES EINE UNSICHTBARE GRENZE GIBT...

... DIE DIE ZUGEZOGENEN VON DEM REST TRENNT
WAHL-LOKAL
PENSION
Peters Hof
562 - 4663
UND, WOHER BIST DU HEUTE GEKOMMEN?
ICH WAR HEUTE IN GERSWALDE
ICH HABE MICH NICHT GETRAUT, ES ZUZUGEBEN ...
OH, DANN MUSST DU DAS SCHLOSS GESEHEN HABEN!
ÄH, MM ...
NA DANN, GUTE NACHT!
... DASS ICH DEN GANZEN NACHMITTAG IN EINEM JAPANISCHEN CAFÉ WAR
GUTE NACHT

OH, ICH? ICH KOMME NICHT VON HIER
ICH KOMME AUS DEM NACHBARDORF
LANDBÄCK
FRIEDRICHS

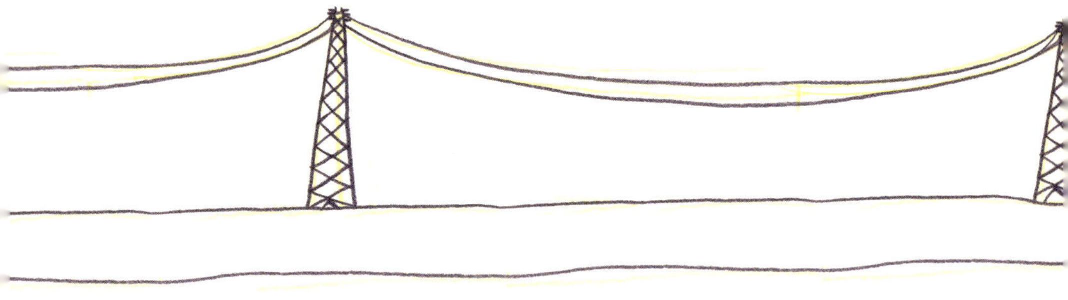

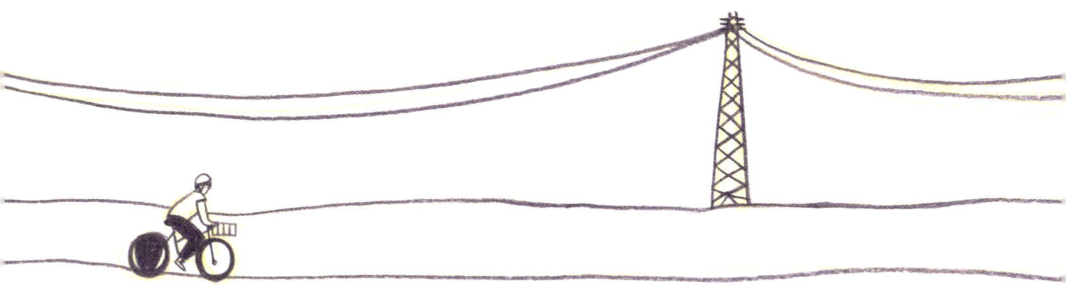

GÖRLSDORF
NACH GERSWALDE IST MIR KLAR GEWORDEN, DASS ICH BISLANG FAST NUR BERLINER UND NICHT-DEUTSCHE GETROFFEN HABE
ICH MUSS MEHR MIT ECHTEN BRANDEN-BURGERN SPRECHEN!
DAS MUSS SICH ÄNDERN
AB MORGEN!
ALSO ...
BRANDENBURGER!
BEGANN DIE ZWEITE HÄLFTE MEINES ABENTEUERS IN BRANDENBURG
KLICK
ACHTUNG BRANDENBURGER, ICH KOMME!
ICH HABE BESCHLOSSEN, ALLE ANZUSPRECHEN, DIE MIR ÜBER DEN WEG LAUFEN
KEINE ZURÜCKHALTUNG!

UNGEFÄHR 10 KM HINTER GERSWALDE BEMERKTE ICH EIN MERKWÜRDIGES SCHILD AM STRASSENRAND
BARFUSS-ERLEBNIS-PARK
STRAUSSEN-HOF
UND BARFUSS-ERLEBNISPARK
EINE NATÜRLICHE KOMBINATION
ES WAR NICHT DIE ERSTE STRAUSSENFARM, DIE ICH GESEHEN HABE. ABER BARFUSS-ERLEBNISPARK...?
FASZINIEREND
WÄHREND MEINER TOUR BIN ICH IMMER UM 7 UHR AUFGEWACHT – OHNE WECKER! ICH WAR ALSO IMMER FRÜH UNTERWEGS UND UM 10 UHR MORGENS NATÜRLICH DIE EINZIGE BESUCHERIN
KASSE
ERSTMAL IN DEN HOFLADEN
HALLO?
POST-KARTEN
AH HALLO!
OH... ICH WÜRDE GERNE ZUM BARFUSSPARK
IST ER OFFEN?
JA, KLAR
DAS MACHT 3 EURO
MIT DEM CHIP KOMMST DU REIN
VIEL SPASS!
MAL SEHEN

KLACK
OKAY! DANN MAL LOS!
ES GAB VERSCHIEDENE STATIONEN MIT UNTERSCHIEDLICHEN MATERIALIEN...
AUA!
KRONKORKEN
...HOLZ, GUMMI, TON, ZIEGELN, MATSCH...
ÄH
EKLIG
PBBBTTT
EKLIG
ABER GEIL
OH
DA ARBEITET JEMAND
HALLO
WAS BAUST DU DA?
ÄH... EINE NEUE STATION
HIER SOLLEN GLOCKEN HIN

OH, COOL!
HAST DU DIE IDEE FÜR DEN PARK GEHABT?
NEIN...
WIR HABEN DAS WOANDERS GESEHEN UND UNSEREN EIGENEN GEBAUT
ACH SO
VIELEN DANK!
DANN NOCH FROHES SCHAFFEN!
ZU-MINDEST WAR ER EHRLICH
MIST, SPLITTER!
DAS IST NICHTS FÜR MEINE GROSSSTADT-FÜSSE!
ABER ERSTMAL ESSEN!
GRRR
3,50
BOULETTE 2,50
STEAK
HALLO
GUTEN TAG
EINE BOULETTE BITTE
MIT BEILAGE?
ÄH... KARTOFFEL-SALAT
ICH MUSS MICH MIT IHR UNTERHALTEN!
SO! ÄH...
WIE LANGE GIBT ES DIE STRAUSSEN-FARM SCHON?

DAS WAR VOR MEINER ZEIT, ABER SO 16 JAHRE VIELLEICHT
OH, SO LANGE SCHON
KOMMST DU AUS DER UCKERMARK?
JA, AUS TEMPLIN
ABER DIE KINDER SIND WEIT WEG – IN BAYERN
OH, TEMPLIN SOLL SCHÖN SEIN!
NAJA, ICH HAB' MEIN GANZES LEBEN IN DER GEGEND GEWOHNT. FÜR MICH IST ES NICHTS BESONDERES
STRAUSSEN-STEAK!!!
ÜBRIGENS – DER TEIL VON JAPAN, IN DEM MEINE ELTERN WOHNEN SIEHT FAST AUS WIE DIE UCKERMARK
KEINE AHNUNG, OB ES DA STRAUSSEN GIBT – ABER KÜHE UND SCHAFE...
ECHT?
HIER, DEINE BOULETTE IST FERTIG
N'GUTEN!
DANKE!
SCHMECKT WIE RIND
MMM
ES GAB ENDLICH EIN PAAR BESUCHER AUF DEM HOF
GROSSELTERN MIT IHRER ENKELIN

EIN JUNGES PÄRCHEN
MEINST DU SIE FRAGEN SICH, WARUM DIE ASIATISCHE FRAU GANZ ALLEINE HIER IST…
UND EINE STRAUSSEN-BOULETTE ISST?
ICH WÜRDE MICH WUNDERN
NACH DEM MITTAGESSEN BIN ICH NACH AHLIMBSWALDE GEFAHREN, WO ICH DIE NÄCHSTE NACHT VEBRACHTE
SORRY, DASS ICH DEINEN KUMPEL GEGESSEN HABE…
DIE GEGEND UM TEMMEN-RINGENWALDE WAR ÜBERWÄLTIGEND
NICHT EINE WOLKE!
JEDENFALLS BIS ICH FESTGESTELLT HABE…
SCHEINT EIN GUTER ORT ZUM PINKELN ZU SEIN

...DASS DIE MÜCKENSAISON BEGONNEN HAT
MOTHER FUCKERS!
SMACK!

NACH 2 TAGEN IN AHLIMBSWALDE GING ES 20KM RICHTUNG OSTEN NACH GÖRLSDORF. EIN SCHÖNER WEG UND
EINE VERDAMMTE MÜCKENPLAGE!
ICH WOLLTE MIT DEM FAHRRAD ENTKOMMEN, ABER DER WEG WAR ZU SANDIG...
ACKKK
CRASH!
ALSO HABE ICH MIR MEINE REGENJACKE ANGEZOGEN UND DAS FAHRRAD DIE MEISTE ZEIT GESCHOBEN...
*?@!!&©$?!
...BIS ICH NACH GÖRLSDORF KAM, WO ICH IN EINEM FÖRSTERHOF ÜBERNACHTETE
HALLO!
OH
WARUM TRÄGST DU...
ICH KANN DAS ERKLÄREN
ICH WOLLTE ZWEI NÄCHTE BLEIBEN. UND DAFÜR HATTE ICH EINEN GUTEN GRUND
ICH KOMME AUS STUTTGART
MEIN MANN KOMMT AUS BAYERN UND HAT HIER EINEN JOB ALS FÖRSTER BEKOMMEN
SO VIELE NICHT-BRANDENBURGER!

AM NÄCHSTEN TAG WAR EIN FEIERTAG – UND ZWAR AUSGERECHNET CHRISTI HIMMELFAHRT
MACHTS GUT
NEEEIN
OH MANN
DAS IST EIGENTLICH KEIN PROBLEM
ABER MIT DER ZEIT IST DIE TRADITION DES VATERTAGS ENTSTANDEN
ANGEBLICH STAMMT DIE TRADITION AUS DEM 18. JH. DIE MÄNNER MIT DEN MEISTEN KINDERN KONNTEN DAMALS EINEN SCHINKEN GEWINNEN
(OHNE GEWÄHR – HAB ICH SO AUF SPIEGEL ONLINE GELESEN)
YEAH
IRGENDWIE IST DARAUS HERRENTAG BZW. MÄNNERTAG ENTSTANDEN, AN DEM SICH HEUTZUTAGE MÄNNER TREFFEN UND SICH GEMEINSAM BETRINKEN
BASISAUSSTATTUNG MÄNNERTAG
HAUFENWEISE ALKOHOL
LAUT GRÖLENDE MÄNNER
SAU SOLDA
BIE
BOLLERWAGEN
BESCHEUERTE T-SHIRTS
ICH HABE DESHALB BESCHLOSSEN, AM MÄNNERTAG KEINE ETAPPE ZU MACHEN, UM BETRUNKENE MÄNNERGRUPPEN ZU VERMEIDEN
ENDLICH KANN ICH EINEN TAG ENTSPANNEN UND LESEN
OH, ÜBRIGENS
MORGEN KOMMT NOCH EINE GRUPPE VON SECHS MÄNNERN
WIE BITTE?
SIE WOHNEN IN DEM ZIMMER UNTER DIR
AHA
ICH WOLLTE DIR NUR BESCHEID SAGEN
HOFFENTLICH SIND SIE NICHT LAUT
ACHJA, UND SIE WOLLTEN IM GARTEN GRILLEN
FUCKERS!

WAS MACHEN DIE AUSGERECHNET HIER? WARUM KÖNNEN SIE MICH NICHT IN RUHE LASSEN? DAS RUINIERT MEINEN PLAN …
OH FALLS DU AUCH GRILLEN MÖCHTEST – WIR HABEN HIRSCH-STEAKS UND BRATWURST
HIRSCH-STEAKS UND BRATWURST?
JA!
SAG EINFACH BESCHEID
SCHÖNEN AUFENTHALT
KLICK
VERDAMMT!
ES WAR SO GUT GEPLANT!
ABER ALLES FÜR'N ARSCH
ARGH
BAF
ABER BIN ICH NICHT EIGENTLICH DAFÜR HERGEKOMMEN?
UM LEUTE ZU TREFFEN, MIT DENEN ICH NORMALERWEISE NICHT SPRECHE?
WOLLTE ICH NICHT GENAU DAS?
VIELLEICHT IST ES EIN ZEICHEN

AM NÄCHSTEN MORGEN WAR ICH BEREIT ZU AKZEPTIEREN, DASS ICH MIT DEN MÄNNERN GRILLEN WÜRDE
ICH MACHE ES!
AUCH WENN SIE NERVEN SOLLTEN, ZUMINDEST KRIEGE ICH MEIN HIRSCHSTEAK
GUTEN MORGEN!
GUTEN MORGEN!
ALSO, ICH DENKE, ICH WERDE MIT DEN MÄNNERN GRILLEN
SEHR GUT
DAS IST EINFACHER ALS DIE 7 KM NACH ANGERMÜNDE ZU FAHREN, UM DA ZU ESSEN
JA
SIE SIND HEUTE MORGEN SCHON ANGEREIST
OH?
SIE WOLLTEN DAS AUTO HIER LASSEN UND WANDERN GEHEN
EINER VON IHNEN HATTE EINEN GRÜNEN IROKESEN! SO GROSS!
OH, SIND ES PUNKS?!
NEIN, NUR DER EINE. DIE ANDEREN SAHEN ZIEMLICH NORMAL AUS
GOTTSEIDANK
WENN EIN PUNK DABEI IST, SIND ES KEINE NAZIS
GLAUB ICH
ODER GIBT ES PUNK-NAZIS?

ICH FÜHLTE MICH FAUL UND HAB EIN BISSCHEN GELESEN
...UND EINEN SPAZIERGANG IN EINEM PARK IN DER NÄHE GEMACHT
DER PARK IST WOHL RECHT BERÜHMT. ES WAREN VIELE ÄLTERE LEUTE DA
HALLO
HALLO
ALS ICH ZURÜCK KAM, HABE ICH GESEHEN, DASS DIE MÄNNER VON DER WANDERUNG ZURÜCK WAREN
AHA!
BERLINER
TIP
TAP
TAP
KLICK

VON MEINEM FENSTER IM 1. STOCK KONNTE ICH SEHEN, WIE SIE DEN GRILL ANMACHTEN
DA IST DER TYP MIT DEM IROKESEN, VON DEM IRINA ERZÄHLT HAT
DIE ANDEREN SEHEN WIRKLICH ZIEMLICH „NORMAL" AUS
SIE SEHEN ZUM GLÜCK NICHT WIE BALLERMANN-TYPEN AUS
ABER DAS HEISST NICHT, DASS ICH MIT IHNEN ABHÄNGEN MÖCHTE...
SONST KRIEGE ICH ABER NICHTS ZU ESSEN
DIE AUSSICHT AUF EIN STEAK HAT MICH MOTIVIERT
OK
LOS GEHT'S!
ÄHEM
HI!
ICH BIN NOZOMI!
ICH BIN SO UNCOOL

ICH ÜBERNACHTE IM ZIMMER ÜBER EUCH. IRINA HAT GESAGT, ICH KÖNNTE BEI EUCH MITGRILLEN...
JA, KLAR. SIE HAT UNS VON DIR ERZÄHLT
ICH BIN LUKAS, UND DAS IST NIKLAS
HI
ALSO... WAS MACHT IHR IN GÖRLSDORF?
WIR TREFFEN UNS JEDES JAHR AM MÄNNERTAG UND GEHEN WANDERN
IMMER IN DER UCKERMARK?
NEIN, JEDES JAHR WOANDERS
WOHER KENNT IHR EUCH?
WIR SIND SCHULFREUNDE
AUS EINER KLEINSTADT NAMENS KÖTHEN
ICH KENNE KÖTHEN! SACHSEN-ANHALT, NE
BACH HAT DA GELEBT
JA, STIMMT
SCHULFREUNDE!
DAS ERKLÄRT DIE KOMBINATION AUS NERDS UND EINEM PUNK
HEY LUKAS!
AN DER TANKE GAB'S NUR BERLINER KINDL
OH, NAJA
DAS IST AUCH BIER

OH, HALLO
HI, ICH BIN NOZOMI – IST ES OK, DASS ICH EUER BBQ CRASHE?
JA, KLAR
ICH BIN MARCEL
WO KOMMST DU HER?
AUS JAPAN, ABER ICH WOHNE IN BERLIN
JAPAN, KRASS!
JA
KANNST DU WAS AUF JAPANISCH SAGEN?
HM... OKAY
鹿のステーキが食べたい!
ÄH ... OK
WAS HEISST DAS?
DASS ICH EIN HIRSCH-STEAK ESSEN MÖCHTE
AHA
ALSO...
COOL
COOL
BRUTZEL
WIE UNANGE-NEHM

HEY, DER GRILL IST FAST FERTIG
OH, SUPER!
BRUTZEL
WAS MACHT IHR EIGENTLICH?
WIR SIND IT'LER UND INGENIEURE
TECH-ZEUGS
SCHATZ, SAG HALLO ZU ALLEN!
SCIENCE
WIR SIND AUF BERLIN UND LEIPZIG VERTEILT
DESHALB SEHEN WIR UNS NUR NOCH SELTEN
SO EIN TREFFEN EINMAL IM JAHR IST SUPER
MIT WANDER-UNGEN UND SO
JA, SCHÖN ZU SEHEN, DASS MÄNNER-TAG AUCH SO SEIN KANN
DAS FLEISCH IST FERTIG!
ES SOLL NOCH REGNEN, WIR SOLLTEN IM PAVILLON ESSEN
OK

ES WAR EIN RAUSCHENDES FEST!
WIR TRANKEN,
SANGEN,
WURDEN EMOTIONAL,
UND WURDEN BESTE FREUNDE

NATÜRLICH IST ES NICHT SO GEKOMMEN
SIE HABEN MIR EIN BIER ANGEBOTEN UND WIR HABEN ETWAS GEPLAUDERT
ICH GLAUBE, SIE WAREN ERLEICHTERT, ALS ICH GEGANGEN BIN
UND ICH WAR ES AUCH

H

PRIGNITZ
NACH EIN PAAR TAGEN, DIE ICH ALLEIN UNTERWEGS WAR, BLIEB ICH FÜR 2 NÄCHTE BEI DER EHEMALIGEN KOLLEGIN EINER FREUNDIN IN DER PRIGNITZ
SIE LEBT SEIT 2 JAHREN MIT IHRER FAMILIE IN EINER ALTEN MÜHLE, DIE SIE NACH UND NACH RENOVIEREN
ACHTUNG, DA IST EIN LOCH IM BODEN
UPS!
NEBEN DEN KINDERN HABEN SIE NOCH VERSCHIEDENE PROJEKTE UND SIND DAMIT ZIEMLICH GUT BESCHÄFTIGT
ICH WOLLTE EINE HILFE SEIN, ABER BEI DER ARBEIT AUF DEM HOF WAR ICH NUTZLOS
MMH
HALLO IHR HÜHNER
NACH 4 WOCHEN OHNE PAUSE UNTERWEGS ...
... WAR ICH EMOTIONAL ZIEMLICH AM ENDE

ALS ICH GESEHEN HABE, DASS ES IN BAD WILSNACK EINE THERME GIBT...
WAR MIR DER 30 KM-UMWEG DESHALB TOTAL EGAL
ICH HOFFE, DA SIND NICHT ZU VIELE EKLIGE MÄNNER
HEHE
HALLO MEINE KLEINE GEISHA
ARGH
HOFFENTLICH WIRD ES GUT
KRISTALLT
ICH WILL NUR ENTSPANNEN

Herzlich
HIER IST ES NOCH KANN ICH KNEIFEN
SCHNÜFFEL
NEIN
ICH BRAUCHE DAS
PFUI
KASSE
NA LOS!

ENT-SCHULDIGUNG, WISST IHR, WIE DIE SCHLIESS-FÄCHER ZU GEHEN?
KLAR! DU MUSST NUR DIE KARTE REIN-STECKEN
DAS ERSTE MAL HIER? WIR SIND AUS SPANDAU UND KOMMEN JEDE WOCHE, ABER NICHT AM WOCHEN-ENDE, DANN IST ES UNS HIER ZU VOLL
ES GIBT AUCH EIN SCHLIESS-FACH FÜR DIE WERT-SACHEN. ICH SCHLIESSE IMMER ALLES WEG. VOR-SICHT IST BESSER ALS NACHSICHT! ICH ZEIG'S DIR MAL
DU BRAUCHST EINE EURO-MÜNZE DAFÜR. HAST DU EINE?
JA
HIER IST ES. WO KOMMST DU NOCH HER? JAPAN? DEIN DEUTSCH IST RICHTIG GUT! SCHÖNEN TAG NOCH! UND VERGISS NICHT, DAS SALZBAD AUSZUPROBIEREN!
VIELEN DANK!
ICH GLAUB, DAS WIRD EIN SCHÖNER TAG

SPÄTER
DAS SALZBAD WAR GUT. ABER JETZT IST ES ZEIT FÜR DIE SAUNA
HERRLICH!
OH, LIEBER ERSTMAL DEN AUFGUSSPLAN ANGUCKEN
AUFGÜSSE HEUTE
WAS IST DAS?
BRUTAL-AUFGUSS?!
NAJA, HÖRT SICH ZIEMLICH HART AN
IN 5 MINUTEN IN DER KRISTALL-SAUNA!
OH MANN!

KRISTALL SAUNA
'LLO
HALLO
HALLO
HALLO
IN WENIGEN SEKUNDEN UND OHNE BRILLE DEN OPTIMALEN PLATZ ZU FINDEN IST EINE KUNST!
HABEN SIE GENUG PLATZ?
ALLES GUT
DAS DURCHSCHNITTS-ALTER IST MINDESTENS 65 ... NAJA, ES IST DONNERS-TAG, 12 UHR MITTAGS ...
SOOOO! HAT JEDER SEINEN PLATZ?

HALLO UND WILLKOMMEN! ICH BIN PETER UND MACHE DEN BRUTAL-AUFGUSS!
HALLO!
HALLO PETER!
DER AUFGUSS DAUERT 25 MINUTEN - ES WIRD ALSO HEISS! DIE OBERSTE REIHE IST NUR FÜR DIE GANZ HARTEN!
HÄLTST DU'S DA OBEN AUS?
MACH DIR KEINE SORGEN PETER!
OKAY, DANN GEHT'S LOS!
TZZZZZZZZZZZ
BAF
BAF
HALLELUJAH!
BAF
BAF

OKAY, HALBZEIT!
ALLE EINMAL RAUS ZUM DURCH-ATMEN
DAS IST DAS MERKWÜRDIGSTE, DAS ICH JE NACKT GEMACHT HABE
ARME ÜBER DEN KOPF. NICHT, DASS JEMAND BEI MEINEM AUFGUSS UMKIPPT
LOS, NIMM EINEN EISWÜRFEL. GREIF ZU!
TZZZZZZZ
BAF
BAF
DAS BRENNT!
ALSO... WIR KOMMEN LANGSAM ZUM ENDE...
DAS HEISST, ES IST ZEIT FÜR...
DAS BRUTAL-AUFGUSS FINALE!
OH JA!
JA PETER!
OKAY — IHR WISST, WIE ES LÄUFT!
ÄHEM

KRISTALL!
KEULE!
HEY!
HEY!
HEY!
HEY!
HEY!
HEY!
HEY!

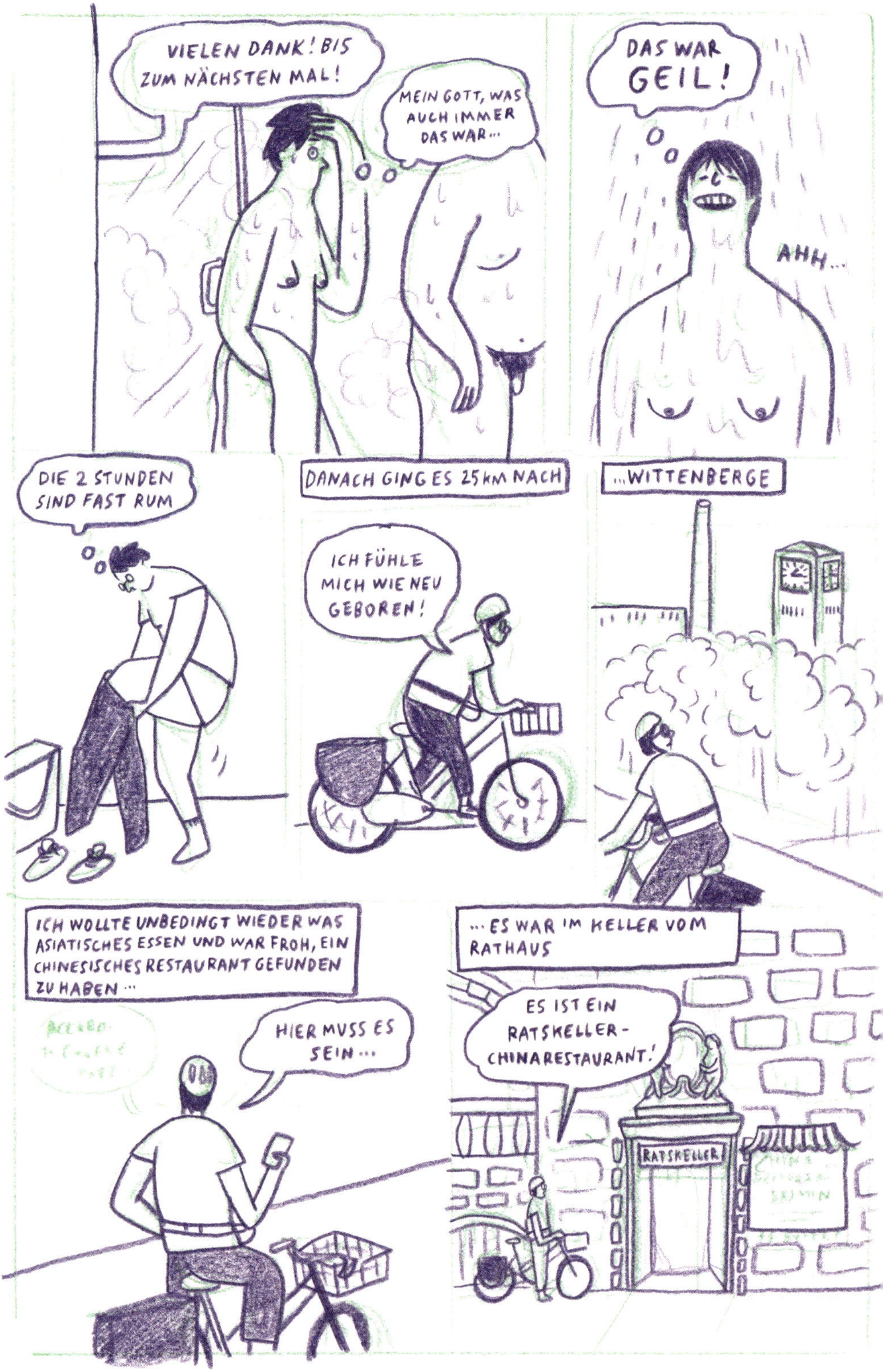
VIELEN DANK! BIS ZUM NÄCHSTEN MAL!
MEIN GOTT, WAS AUCH IMMER DAS WAR...
DAS WAR GEIL!
AHH...
DIE 2 STUNDEN SIND FAST RUM
DANACH GING ES 25 km NACH
ICH FÜHLE MICH WIE NEU GEBOREN!
...WITTENBERGE
ICH WOLLTE UNBEDINGT WIEDER WAS ASIATISCHES ESSEN UND WAR FROH, EIN CHINESISCHES RESTAURANT GEFUNDEN ZU HABEN...
HIER MUSS ES SEIN...
...ES WAR IM KELLER VOM RATHAUS
ES IST EIN RATSKELLER-CHINARESTAURANT!
RATSKELLER

ALLEIN? SUCH DIR EINEN PLATZ AUS
KRASS. ES IST SO LEER!
EIN WILDER MIX AUS TRADITIONELLER DEUTSCHER ARCHITEKTUR UND CHINA-TOWN DEKO...!
SORRY, WIE LANGE GIBT ES DAS RESTAURANT SCHON?
SEIT 1999.
ABER ICH BIN ERST SEIT EIN PAAR JAHREN HIER
WO WARST DU VORHER?
ICH KOMME EIGENTLICH AUS KARLSRUHE
OH, DAS IST WEIT WEG
JA...
ALSO DANN, GUTEN APPETIT
VIELEN DANK!
ICH FRAG MICH, OB ER KARLSRUHE VERMISST

SACHSEN-
ANHALT
ICH HATTE NOCH EINE WOCHE VOR MIR, UND NICHT NUR MEINE KNIE HABEN SICH MÜDE ANGEFÜHLT
UFF
NOCH 6 NÄCHTE BIS ICH WIEDER IN MEINEM BETT SCHLAFEN KANN
„GUTEN MORGEN! DU KANNST GERN EINEN KAFFEE MACHEN, BEVOR ES LOS GEHT"
NA SUPER
EINE VON DIESEN MASCHINEN
DIE KAPSEL KOMMT HIER REIN?
WARTE MAL
MUSS ICH DIE FOLIE ABMACHEN?
LIEBER KURZ GOOGELN
UND DAS WASSER KOMMT ...
FUCK
AAAAAAARGH!!!
ICH WILL NACH HAUSE

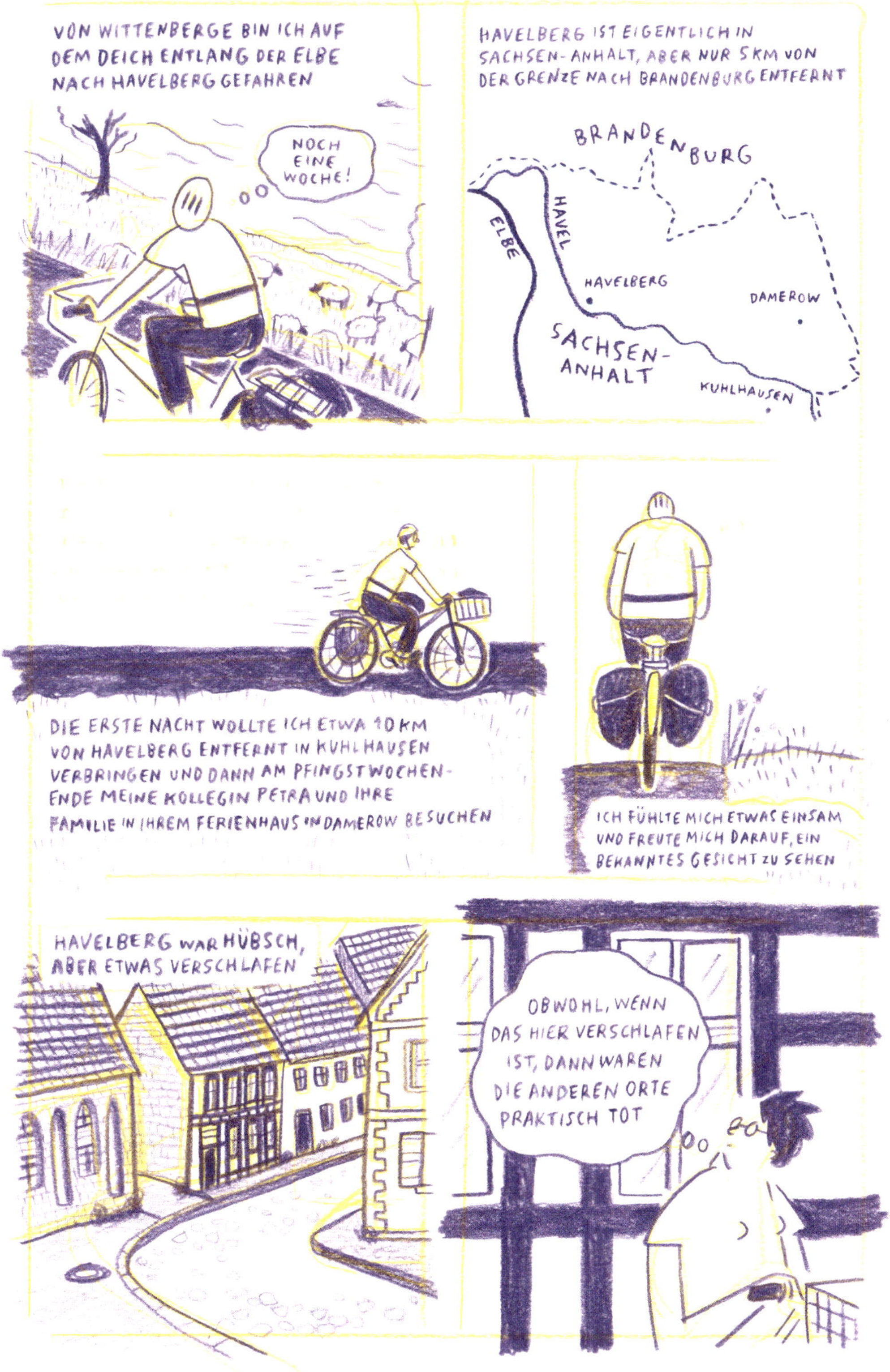
VON WITTENBERGE BIN ICH AUF DEM DEICH ENTLANG DER ELBE NACH HAVELBERG GEFAHREN
NOCH EINE WOCHE!
HAVELBERG IST EIGENTLICH IN SACHSEN-ANHALT, ABER NUR 5 KM VON DER GRENZE NACH BRANDENBURG ENTFERNT
BRANDENBURG
ELBE
HAVEL
HAVELBERG
DAMEROW
SACHSEN-ANHALT
KUHLHAUSEN
DIE ERSTE NACHT WOLLTE ICH ETWA 10 KM VON HAVELBERG ENTFERNT IN KUHLHAUSEN VERBRINGEN UND DANN AM PFINGSTWOCHENENDE MEINE KOLLEGIN PETRA UND IHRE FAMILIE IN IHREM FERIENHAUS IN DAMEROW BESUCHEN
ICH FÜHLTE MICH ETWAS EINSAM UND FREUTE MICH DARAUF, EIN BEKANNTES GESICHT ZU SEHEN
HAVELBERG WAR HÜBSCH, ABER ETWAS VERSCHLAFEN
OBWOHL, WENN DAS HIER VERSCHLAFEN IST, DANN WAREN DIE ANDEREN ORTE PRAKTISCH TOT

OH
GRRARR
ES WAR HÄUFIG EINE HERAUSFORDERUNG, ETWAS ZU ESSEN ZU FINDEN. ICH MUSSTE GUT PLANEN, WEIL ES NUR WENIGE GESCHÄFTE GAB UND SIE OFT NUR KURZE ÖFFNUNGSZEITEN HATTEN
ZU VERMIETE
0152 3481
EINE KOLLEGIN HATTE MICH VORHER GEWARNT
PASS AUF, DASS DU IMMER GENUG ZU ESSEN HAST
WIE MAN SAGT, „NIMM DIR ESSEN MIT, WIR FAHREN NACH BRANDENBURG"
ACH
SIE ÜBERTREIBT BESTIMMT
SIE HATTE NICHT SO GANZ UNRECHT
FREITAG UND SAMSTAG VON 9 BIS 12!?
SELBST IN GRÖSSEREN STÄDTEN WIE HAVELBERG ...
DÖNER KIN
€1,50
DARF MAN NICHT WÄHLERISCH SEIN
ICH HABE MICH VORWIEGEND VON GEBÄCK ERNÄHRT
SEUFZ –

SO EIN HÜBSCHES DORF!
NACHDEM MEIN HUNGER GESTILLT WAR, BIN ICH NACH KUHLHAUSEN GEFAHREN, WO ICH BEI SIGRID ÜBERNACHTET HABE
IHR MANN BERND HAT MICH BEGRÜSST
SIGGI IST GLEICH ZURÜCK
SIGGI! WIE ZIGGY STARDUST
UFF
ALL DAS PACKEN UND AUSPACKEN
JEDEN TAG
ALLES RAUS UND WIEDER REIN
DAS IST NICHTS
FÜR MICH ALS STUBENHOCKER
KLOPF KLOPF
HALLO! DU MUSST NOZOMI SEIN
BERND HAT GESAGT, DASS DU SCHON DA BIST
WIE WAR DIE FAHRT?
SUPER, DANKE!
ALSO, FALLS DU KEINE ANDEREN PLÄNE HAST,
KÖNNTEST DU GERNE MIT UNS ESSEN
JA! TOTAL GERNE!

ALSO HABE ICH MIT SIGRIDS FAMILIE ABEND GEGESSEN
HALLO!
DAS IST MEINE MUTTER
MEINE TOCHTER ÄNNE IST ÜBERS WOCHENENDE ZU BESUCH
UND BERND KENNST DU SCHON
SIE WAREN ALLE SEHR HERZLICH
ICH BIN HIER IN DER NÄHE IN EINEM DORF AUFGEWACHSEN UND BERND KOMMT AUS BITTERFELD
MEINE MUTTER LEBT NOCH DA
ICH HABE IN DER DDR FÜR DIE REICHSBAHN GEARBEITET
NACH DER WIEDERVEREINI-GUNG HABE ICH IN BERLIN BEI DER DEUTSCHEN BAHN GEARBEITET
NACH DEM MAUERFALL WOLLTEN WIR DIE GANZE WELT SEHEN
IN DER DDR GING DAS JA NICHT
UND VOR 10 JAHREN SIND WIR HIER RAUS-GEZOGEN
UNSERE TÖCHTER WAREN SCHON GROSS
UND ICH HABE DIE LANDSCHAFT HIER VERMISST

APROPOS LANDSCHAFT – WUSSTEST DU, DASS ES IN KUHLHAUSEN EINE WAGYUFARM GIBT?
WAGYU? DIE JAPANISCHE KUHRASSE?
GENAU!
ÄNNE UND ICH WAREN AUCH NOCH NIE BEI DER FARM
HAST DU INTERESSE?
JA NATÜRLICH!
WARTE, ICH RUF' KURZ RONALD AN
HALLO RONALD, SIGRID HIER. SORRY, DASS ICH SO SPÄT ANRUFE...
ER HAT DIE FARM JETZT SEIT 10 JAHREN
AHA
GUTE NACHRICHTEN!
WIR KÖNNEN JETZT DIREKT VORBEIKOMMEN
SUPER, AUF GEHT'S!
ES IST DIREKT HIER UM DIE ECKE

HALLO RONALD!
HALLO!
DANKE, DASS DU UNS DIE FARM ZEIGST
KEIN PROBLEM
ZUERST BESUCHEN WIR DIE MÄDELS AUF DER WEIDE
PASST AUF DIE KUHFLADEN AUF
OH JA
DANKE
DAS SIND SIE
BIS AUF DAS KALB SIND ALLES WEIBCHEN

ALSO, ÄH... HAST DU... DIE KÜHE AUS JAPAN EINGE-FLOGEN?
NÖ...
ES IST ZIEMLICH KOMPLIZIERT, WEIL JAPAN DIE WAGYU RASSE SO ABSCHOTTET
WIR HABEN EMBRYOS AUS AUSTRALIEN BESORGT...
...DIE WIR DEUTSCHEN KÜHEN IMPLANTIERT HABEN
SO HAT DAS HIER ALLES ANGEFANGEN
SO ABSURD
WIE WIR HIER GELANDET SIND
DIE KÜHE UND ICH
STUPS

WIR SIND IN DIESEM DORF IN DER ÜBERZAHL!
SIE SIND SO SÜSS
DU GIBST IHNEN KEINE NAMEN, ODER?
AM ENDE SCHLACHTEST DU SIE JA ...
DOCH, DAS MACHEN WIR
WIR GEBEN IHNEN JAPANISCHE NAMEN
DAS SIND MICHIKO UND YASUMI ...
UND DA IST NAOKO ...
NAOKO!?
SO HEISST MEINE MUTTER!
ECHT? HAHA!

ICH HABE MEINER MUTTER ERST EINE WOCHE VOR DER ABFAHRT VON DEM TRIP ERZÄHLT...
HI MAMA, ICH MUSS DIR NOCH WAS ERZÄHLEN...
WAS!?
DU KÖNNTEST ERMORDET WERDEN!! UND WENN DU VERGEWALTIGT WIRST?!
...AUS GUTEM GRUND
DU BIST EINE VERHEIRATETE FRAU!
DU KANNST DEINEN MANN NICHT EINEN MONAT ALLEIN LASSEN!
MAMA!
GUCK, ICH MACHE DAS NICHT ZUM SPASS!
SIE HAT ES AM ENDE VERSTANDEN. ABER IHRE BEMERKUNGEN HABEN MICH NICHT LOSGELASSEN
ICH BIN EINE PROGRESSIVE FRAU
IN IHREN DREISSIGERN,
OH FUCK
DER DIE MEINUNG IHRER MUTTER IMMER NOCH WICHTIG WAR
NEIN, NEIN
WAS WÜRDE MEINE MUTTER DENKEN

ICH VERZWEIFLE MANCHMAL BEI DEM VERSUCH, EINE GUTE TOCHTER UND ICH SELBST ZU SEIN
DIESE BEIDEN WELTEN ZUSAMMENZUFÜHREN
ICH KANN ES NICHT GANZ ERKLÄREN – ABER DIE JAPANISCHE KUH, DIE SO HEISST WIE MEINE MUTTER, ZUSAMMEN MIT MIR AUF DER WEIDE SO WEIT WEG VON ZU HAUSE …
WAR IRGENDWIE EIN ZEICHEN, DASS ALLES IN ORDNUNG IST
HEY,
DARF ICH DIE NÄCHSTE KUH NACH DIR BENENNEN?
DAS WÄRE EINE EHRE

smetik
C'est la vie

WERDER
ES IST SOWEIT!
DER TAG, AUF DEN ICH GEWARTET HABE
GUTEN MORGEN!
GUTEN MORGEN!
HAST DU GUT GESCHLAFEN?
SEHR GUT!

ES IST ZEIT, NACH HAUSE ZU FAHREN

SNACK
UND
BACK
BACK-
LENZ

HURRRGHHN
OH MEIN GOTT
ICH GEB' AUF

?
DU SCHAFFST DAS!
YOU!!

WELCOME HOME!
CONGRAT
LATION
GO NOZOMI!
HUP!

QUIETSCH
HUST
SEUFZ

58

KLICK
DA...
DA BIN ICH

Willkommen
zurück!
s gibt Bier im
Kühlschrank!
Ich liebe dich, G

START

EIN HERZLICHER DANK GEHT AN ALL DIE WUNDERBAREN LEUTE, DIE ICH WÄHREND MEINES TRIPS TREFFEN DURFTE UND DIE MICH BEI SICH ZU HAUSE AUFGENOMMEN HABEN: FRANK, BIRTE, MIRIAM, HERR GEFFERS, ULI, ERIK, MATTES & MERLE, HASHIMOTO-SAN, ANJA, KLAUS, BÄRBEL, KAREN, KURT, YOLI, HEIKE, JULE, MATTHIAS, SIGRID, BERND, ÄNNE, FRAU NAGEL, RONALD & HAVEL-WAGYU, PETRA, PETER, SARAH UND MARLIS.

UND AN MEINE FREUNDE, DIE MICH MIT IHNEN IN KONTAKT GEBRACHT HABEN: DOROTHÉE, SUSI, RIE, CLAUDI, CARO R., MARTIN & MARIANNE, CARO F., JUDITH – UND KATJA, DIE MICH AUF DIE IDEE GEBRACHT HAT, NACH BRANDENBURG ZU FAHREN.

VIELEN DANK AN STEFFEN SCHUHMANN UND OLIVER THIE FÜR DIE TOLLE BEGLEITUNG MEINER ARBEIT.

DANKE XUEH, FÜR DIE UNENDLICHE UNTERSTÜTZUNG IN DEM JAHR UND DASS DU IMMER FÜR MICH DA WARST!

UND NATÜRLICH, VIELEN DANK AN G DAFÜR DASS DU MICH IN DEM STEINIGEN JAHR IMMER UNTERSTÜTZT HAST!
AUF VIELE WEITERE (WENIGER STEINIGE) JAHRE!

EIN LIEBES DANKESCHÖN AUCH AN DIE WEISSENSEE KUNSTHOCHSCHULE BERLIN, DIE FÜR MICH NICHT NUR SCHULE UND ARBEITSPLATZ WAR, SONDERN IN DEN 6 JAHREN AUCH EINE ART ZU HAUSE GEWORDEN IST.

IMPRESSUM

AUTORIN:

NOZOMI HORIBE
WWW.NOZOMIHORIBE.COM

ÜBERSETZUNG:

GREGOR SUCHAN

HERAUSGEBER:

JAJA VERLAG
FEIN ILLUSTRIERTE MACHWERKE

ANNETTE KÖHN
TELLSTR. 2
12045 BERLIN
JAJAVERLAG.COM

ERSTAUSGABE MÄRZ 2021
ZWEITE AUFLAGE JULI 2021

DRUCK:

KOPA, VILNIUS, LITAUEN

ISBN 978-3-948904-11-1
16,00 €